Math  Kids

presents

NUMEROS NATURALES Y ORDINALES

UNA LECCION DE MATEMATICAS

De RODOLFO VILLICANA

www.math2kids.com

Cuento que de una manera fácil de entender nos explica el por qué el orden que siguen los números es muy importante. Nos enseña también qué son los números ordinales y los números naturales y cuál es la función de cada uno de ellos.

Durante los primeros días en la escuela,
la maestra Mily nos ponía a practicar a
diario como hacer una fila bien hecha
de menor a mayor.

" Hagan una fila de menor a mayor ".

" Número Seis, tu no estás en tu lugar, aunque te pareces al número Nueve tu eres más pequeño ".

El número Seis le preguntó a Mily que por qué no podía estar junto al número Nueve, quien es su mejor amigo.

Y Mily le contestó : "el orden en que van los números es muy importante y es por eso que repasamos tanto el que sepan formarse en fila de menor a mayor ".

SCHOOL

El número Dos de inmediato le preguntó a la maestra que por qué era tan importante el orden en que van los números.

Y Mily le contestó : " todos los números realizan 2 funciones muy importantes: nos indican una posición   y   también nos indican una cantidad ".

Cuando los números nos indican una posición, nos están diciendo en que orden suceden las cosas y se llaman números ordinales ”.

RACING

Y los nombres de los primeros números ordinales son :

1°   primero,
2°   segundo,
3°   tercero,
4°   cuarto,

5°   quinto,
6°   sexto,
7°   séptimo,
8°   octavo y
9°   noveno ”

Los números ordinales se escriben con un pequeño cero a su lado derecho.

"Y cuando los números nos indican una cantidad reciben el nombre de números naturales. Los números naturales nos sirven para contar. Los nombres de los números naturales son los siguientes:

1 uno,

2 dos,

3 tres,

4 cuatro,

5 cinco,

6 seis,

7 siete,

8 ocho   y

9 nueve."

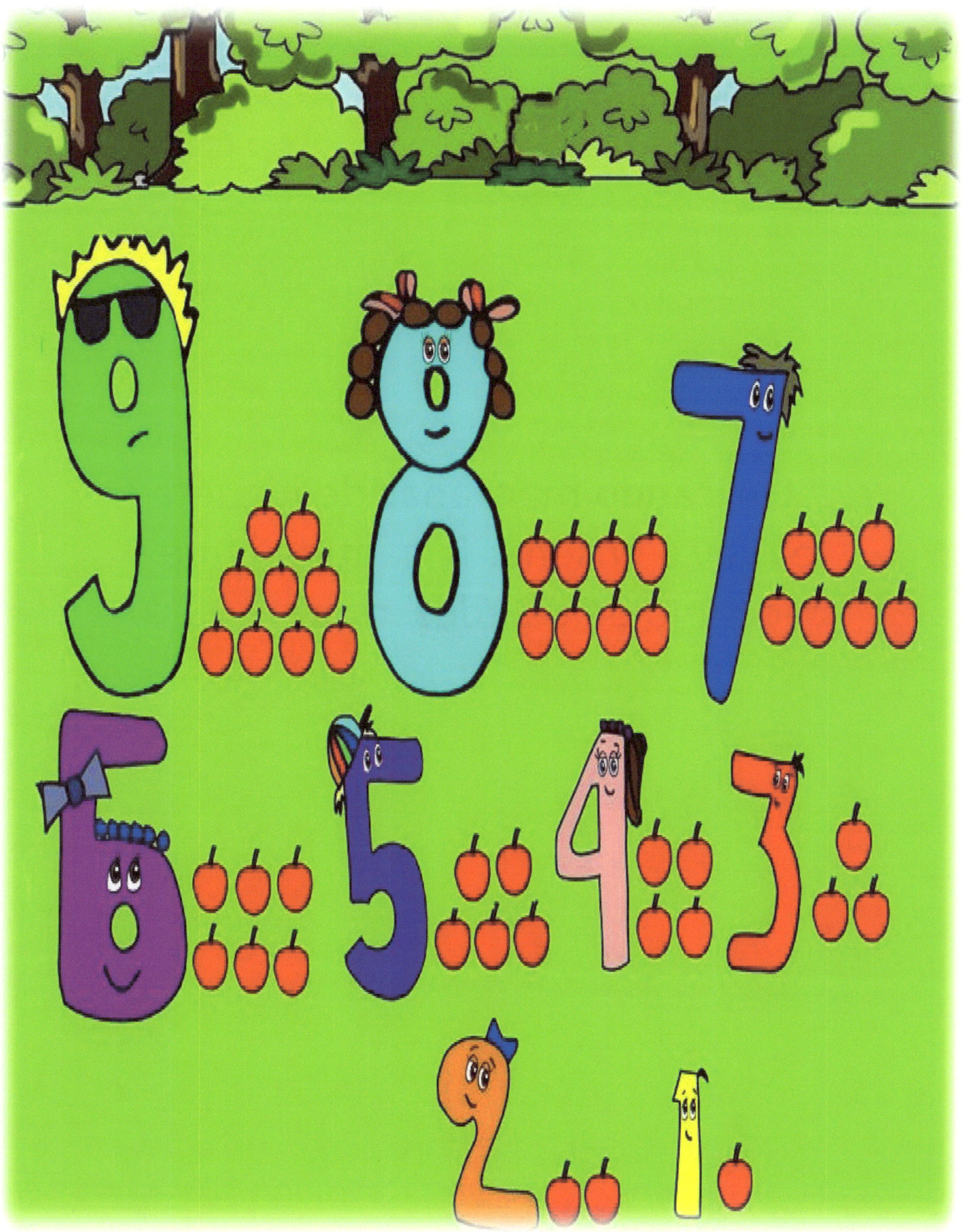

“ Utilizando manzanas de juguete les voy a enseñar la cantidad que cada uno de ustedes representa ”.

"Al número Uno por ser el primer número de la fila le voy a dar una manzana.

 Al número Dos le voy a dar una manzana más que al número Uno, o sea 1 + 1

 Al número Tres le voy a dar una manzana más que al número Dos, o sea 1 + 1 + 1...

y así a cada número que sigue le voy a dar una manzana más que al número que está delante de él.

El número de manzanas que les di a cada uno de ustedes es la cantidad o el valor que cada uno de ustedes siempre representará.

Y sí se fijan bien; tanto la cantidad, como la posición que ustedes representan, se les asignó de acuerdo al lugar que ustedes ocupan en una fila bien hecha de menor a mayor ".

El número Uno le dijo a la maestra Mily:"Como siempre por ser el más pequeño de todos los números, siempre me toca menos."
Y Mily le contestó : " no te preocupes número Uno que todos los números por ser únicos son igual de importantes. Además cuando les piden indicar el orden o posición de las cosas, tu siempre eres el primero".

Y el número Ocho dijo : "lástima que estas manzanas sean solo de juguete porque tengo ya mucha hambre."
Y Mily le contestó, no te preocupes que esta es la fila para irnos a comer.   ¡ Y todos los números nos pusimos muy contentos !.

Fin

11 12 1
10 2
9 3
8 4
7 6 5

ACTIVIDADES

Para después de leer el cuento.

ACTIVIDADES

ACTIVIDAD 1

Saca copias de la siguiente hoja . Sus alumnos tendrán que recortar los rectángulos con números y luego colocarlos en orden de menor a mayor.

ACTIVIDADES DE LA 2 A LA 6

Sacar copias a las siguientes hojas y pedirle a sus alumnos que contesten lo que en cada hoja se pide.

NÚMEROS ORDINALES

Escribe con número y letra el orden en que están colocados los niños en la fila.

1º

Primero

Escribe el nombre del objeto que se encuentra en los escalones que se indican abajo

En el tercer escalón hay _________________________

En el séptimo _________________________

En el quinto _________________________

En el primero _________________________

En el octavo _________________________

En el cuarto _________________________

1. El sol es la estrella en el centro del sistema solar.

2. Mercurio es el _____________ planeta en el sistema solar.

3. Venus es el _____________ planeta y el segundo objeto más brillante después de la luna.

4. La Tierra es el _________planeta y el único con vida comprobada.

5. Marte es el _____________ planeta y tiene dos lunas.

6. Jupiter es el __________ planeta y tiene 67 lunas.

7. Saturno es el ________planeta y ha sido visitado solo cuatro veces.

8. Urano es el _____________ planeta y fue el primero descubierto por el telescopio.

9. Neptuno es el __________ planeta y el tercero más grande en masa.

10. Plutón es el _________ planeta y es considerado un planeta enano.

Actividad 2. Recorta los diferentes planetas y en una hoja blanca pega al sol al centro de la hoja , después has 9 círculos de diferentes tamaños alrededor del sol y en cada círculo pega los planetas en el orden correspondiente.

Recorta los nombres de los números ordinales y pégalos en el lugar en que van colocados los ciclistas en la carrera anual del pueblo.

Primero   quinto   octavo   décimo   segundo   sexto

Undécimo   cuarto   séptimo   décimosegundo

Tercero   décimotercero   noveno

➤ 5 , 20 , 16 , 8  __ > __ > __ > __

➤ 63 , 75 , 92 , 89 ➙ __ > __ > __ > __

➤ 130 , 142 , 136 , 144 ➙ __ > __ > __ > __

1	2		4	5	6	7		9	
11		13	14			17	18	19	20
21	22	23		25	26		28		30
	32	33	34		36	37	38	39	
41	42		44	45		47		49	50
	52	53		55	56		58	59	60
61		63	64		66	67	68		70
	72	73	74	75	76	77		79	
81	82		84	85		87	88		90
	92	93	94	95	96		98	99	

Otras Lecciones de Matemáticas de la colección de Math 2 kids

www.math2kids.com